혼자 가야 할 길

강덕순 디카시집

시와사람

강덕순 디카시집

혼자 가야 할 길

2024년 3월 10일 인쇄
2024년 3월 15일 발행

지은이 | 강 덕 순
펴낸이 | 강 경 호
발행처 | 도서출판 시와사람
등 록 | 1994년 6월 10일 제 05-01-0155호
주 소 | 광주시 동구 양림로119번길 21-1(학동)
전 화 | (062)224-5319
E-mail | jcapoet@hanmail.net

ISBN 978-89-5665-719-6 03810

값 15,000원

· 잘못된 책은 구입하신 서점에서 바꾸어 드립니다.
· 이 책의 제작비 일부는 한국예술인복지재단 창작디딤돌 지원금으로 제작되었습니다.

공급처 ■ 한국출판협동조합
경기도 파주시 적성면 적성산단3로 10 (적성일반산업단지 내)
주문전화 (02)716-5616, 070-7119-1740

ⓒ 강덕순, 2024
이 책의 저작권은 저자에게 있습니다.
저작권에 의해 보호를 받는 저작물이므로
저자의 허락 없이 무단 전재와 복제를 금합니다.

혼자 가야 할 길

작가의 말

저의 디카시집이 출간될 수 있도록
도움을 준 한실문예창작 지도 교수 박덕은 박사님과
시와사람 출판사 관계자분들께
먼저 감사의 인사를 드립니다.

여행을 다니다가
혼자서 보기가 아까운 장면이 있으면
사진으로 찍어 한 장씩 남겼습니다.
그 사진에
몇 글자를 쓰다 보니
디카시가 되었네요.

짧은 시로 시선을 사로잡는
디카시가 좋습니다.
그 매력에 빠져
앞으로도 계속 디카시를 쓰고 싶습니다.

2024년 3월,
저자 강덕순

축시

강덕순 시인

박덕은

생의 방점처럼 찍히는
물보라 가득한 언덕에
햇귀 한 자락 뻗어와
내일의 표정 모색하는
눈물의 향 감쌀 즈음

귓맛 좋게 완숙한
기개 큰 소리가
용틀임으로 자라나
잎의 안색도 명랑한
거대한 나무가 되었다

산야를 굽어보고
푸른 기억 축척하며
계절과 계절 잇는
맑은 물과 밝은 노래
품에 안고 살더니

상실과 그리움도
해 질 녘의 따스한 혈통으로 물드는
시향에 잠겨
산안개 불러들이고
쪽빛 하늘도 초대했다

우주의 속엣말을 흘려보내는
낮과 밤이 둥지 트는
우듬지에 새소리 깃들어
우아한 날갯짓 파닥이고
콧노래 우짖기 시작했다

바람의 발랄한 말투 상속받은
오솔길 이끼 위엔
푸르른 미소가 돌고
산들바람이 향긋한 춤 추고

아픔의 내력들도
평화로운 가슴의 꽃으로 피어나
다시는 슬픔이 없는
시심의 동산 가꿔 놓았다

웃음과 다정의 기척이 흐르는
시간의 길목
천상의 기도까지 내려와
손에 손 잡고 사랑다발 터뜨리고 있다.

혼자 가야 할 길/ 차례

작가의 말 · 5
축시/ 박덕은 · 6

제1부

달리기　16
중매　17
등대　18
숲　19
빈다　20
행복의 비결　21
세월　22
내변산　23
풍경　24
직소폭포　25
곡선미　26
배달성전　27
마중물　28
추억 단상　29

30 백년해로
31 묵언
32 94세 친정엄마
33 꿀벌의 말
34 숙성
35 백두에서 한라까지
36 수호신
37 상흔
38 협동

제2부

40 나들이
41 보물단지
42 한 많은 사연
43 용궁
44 묵념
45 향기 나는 집
46 잠시 휴식 시간
47 언제나

우리 가족	48
사랑은 달콤해	49
세 자매	50
공연장	51
경외	52
갈대의 속삭임	53
단상	54
갈대 사랑	55
인생 도장	56
여백	57
기도 · 1	58
기도 · 2	59
기도 · 3	60
도심 속 안식처	61
피서	62
성형 결심	63
나의 바램	64

제3부

- 66 설법
- 67 무소식
- 67 사랑처럼
- 68 정경 하나
- 69 식사 준비
- 70 기다림 · 1
- 71 기다림 · 2
- 73 기다림 · 3
- 74 궁금
- 75 소풍
- 76 무릉도원
- 77 신기하다
- 78 기도한다
- 79 산사의 길
- 80 그 또한 복이란다
- 81 첫사랑 · 1
- 82 첫사랑 · 2
- 83 그냥 가만히
- 84 환영의 몸짓

염색　85
홀로 서기　86
참회　87
주인공　88
설빔　89
빗장　90

제4부

솜씨 자랑　92
폭죽　93
바라는 대로　94
어떤 물음　95
꽈배기　96
유언　97
낙장불입　98
깨소금　99
마음　100
도시락　101
소원 성취　102

103　바깥 구경
104　오후
105　어울림
106　잔소리꾼
107　푸른 꿈
108　한복
109　핫도그
110　바람아
111　주인공
112　미니케이블카
113　자유인
114　반사경
115　건반길
116　차례상
117　참 좋다
118　나의 추억

119　평설/ 박덕은

제1부

연식이 있다 보니
숨어 있어도 알아볼 수 있는갑네
살기는 잘 살았는갑소.

달리기

준비 차렷 총소리에만
귀기울이고 있다
다른 소리는 들을 수 없다
가장 먼저 출발하기 위해.

중매

외로울까 봐
서로 서로 돕고 살라고
인연 맺어 주었다
누구보다도 더 행복하게 살라고.

등대

밤낮 구분 없이
바다의 안녕
우리 마을의 안전
사시사철 책임져 준다.

숲

이 마을에서 이 얼굴 모르면
말이 안 돼야부러
여름철 그늘에 한숨 잠들고파
정말 좋아 보고 또 봐도
맨날 보고 싶어.

빈다

아침에 눈뜨면
제일 먼저 문안 인사
나라와 국가가 평안하고
나의 가정도 화목하길.

행복의 비결

밤인지 낮인지 아침인지
하루도 쉬는 시간 없이
열심히 일하면 즐겁다
피곤함도 잊는다.

세월

연식이 있다 보니
숨어 있어도 알아볼 수 있는갑네
살기는 잘 살았는갑소.

내변산

이 구역은 내가 지킨다
함부로 건들지 말라
원래 어진 사람들만 등산 오는 거라서
가져온 쓰레기는 꼭 도로 가져가야지
알았지.

풍경

너의 황홀경에
퐁당 빠져 버린 하늘
하루종일 호수 밖으로
나올 줄 모르나 보다.

직소폭포

깊은 산속 웅장한 폭포
한때는 줄지어 모였건만
그 많았던 선인 다 어디 가고
너도 연식이 있나 보다
보는 이들이 안타까워 한다.

곡선미

넘치는 아름다움
줄기차게 흐르는 모습
모든 게 이렇다면
만사무사 태평성대.

배달성전

세월도 비껴가는 돌담
의연히 서로를 감싸주며
함께 행복하게
오래도록 문화유산으로
남고 싶다.

마중물

누군가의 초석이 되고 싶다
즐겁게 어우러진 삶
함께하며 잘 살고 있다가
괜찮은 사람으로 평가 받는
그런 후회 없는 삶의 향기.

추억 단상

엄니가 생각나고 친구가 보고 싶다
2교시면 누가 까먹었을까 내 도시락
선생님 들어오시기 전에 창문 먼저 열어놔
사랑하는 친구들아 다들 잘 살고 있는지.

백년해로

서로 만나 서먹 서먹
부끄러워 얼굴도 못 보고서 그냥 저냥
살다 보니 이별 시간 다가오네요
우리 부부 갈 때까지 오손도손 삽시다.

묵언

언제까지 기다리면 될까요
달이 가고 해가 바뀌어도
보고 싶은 그 사람
얼굴 한 번 볼 수 없어라
언제쯤 포근히 날 안아 주려나.

94세 친정엄마

올해가 내 마지막이 될지 모르것다
구경 잘했다 너무나 좋아
며느리는 딸이 될 수가 없어야
딸이 있어서 너무 행복하다.

꿀벌의 말

나는 평생 예쁜이들만
상대하다 보니
다른 건 보이질 않아
자고 나면 꿀만 모으는 게
내 천직인 걸 어떻게.

숙성

잘 익은 과일은
어느 정도 기간이 필요하다
사람도 인성 교육이 필수 과목
과일은 과일답게 단맛 나야 하고
사람은 사람답게 행동해야 한다.

백두에서 한라까지

수억 년 지켜온 한 맺힌 우리 땅
절규하는 여인
머리 풀어 쨍쨍한 볕에 말린다
한 많은 그리움도 옹이 된 사연도
가슴속에 스며들어 찬란히 빛난다.

수호신

잠시도 딴생각 할 수가 없다
그 누가 지키겠는가
불철주야 내가 지킨다
밤새도록 긴장하며
우리 국민을 위해.

상흔

얼마나 많이
눈물로 세월을 보냈는지
아무도 모를 거야.

협동

뭉치면 살 수 있어
혹한 칼바람에도
서로 의지하면서
힘 모아 살다 보면
따스한 날 꼭 오겠지.

제2부

눈으로 말해요
방해하지 말아요
그저 바라만 봐주세요.

나들이

가족들 모두 도시 놀러와
볼 게 너무 많아 정신 없어
집 잘 찾아가려나 몰라.

보물단지

농장에 복주머니 주렁주렁
햇빛 주머니 구름 주머니
비 천둥번개 가득 가득 채워져
곧 벌어질 기세다.

한 많은 사연

산에 사는 산신령님
무슨 사연 있길래
하늘만 쳐다보고 있나요
만백성 평안하게
비나이다 비나이다.

용궁

그 누구의 작품인가요
상상 속에서 두 나래 펴고 날아 보아요
멋진 세상이 보여요.

묵념

경건한 마음
깨끗한 옷차림
가족 모두의 축혼자 가야 할 길복
머리 숙여 빈다.

향기 나는 집

시원한 바람 맑은 공기 한 사발
매일 마신다
까치도 향에 취해
은밀한 곳에 숨어 낮잠 한 숨 잔다.

잠시 휴식 시간

고래가 깊은 곳에서
숨고르기 하려 나와
푸른 텐트 접혀진 집에서.

언제나

밤낮 없는
소나무의 푸르름
비가 와도 눈이 와도.

우리 가족

삼대가 살고 있는 가족
집안 중심은 누가 뭐래도
울 엄마가 최고여.

사랑은 달콤해

저녁놀 한 쌍 주고받는 대화
숲속에서 아무도 모르게 사랑놀이.

세 자매

순서가 있지
첫째라는 이유로 사랑 독점
둘째는 건너뛰고
막내는 귀여워서 사랑 두 배.

공연장

지금부터 멋진 춤 솜씨 보여드릴게요
박자 맞춰 하나 둘 앞으로 갔다
옆으로 갔다가 돌고 돌아 원점 찍고
지화자 좋다!

경외

얼마나 인고의 시간이 흘렀을까
한때는 보송보송 예쁘게
살이 쪄 있었을 텐데
그저 흐르는 세월이 아쉬울 뿐.

갈대의 속삭임

눈으로 말해요
조용히 보세요
방해하지 말아요
그저 바라만 봐주세요.

단상

숙련공의 솜씨 자랑
아무나 하는 건 아니지
얼마나 많이 노력한 결과일까.

갈대 사랑

속삭임에 가까이 가지 말고
제발 좀 조용히 바라보세요
그냥 놔 두면 행복해져요.

인생 도장

오른발 왼발 번갈아 찍는다
매끄러워 촉감도 매끈
모양도 가지가지
마음속에 있는 상상의 나래.

여백

뭐 그리 바쁘다고
게거품 물고 따라올까
느려도 빨라도 괜찮아
세월이 부르는 대로 가면 되니까.

기도 · 1

맑은 정신 정갈한 마음
흐트러지지 않고
백제땅 첫 발 내려놓은 곳
오직 한곳에 마음 모아
정성껏 모두 건강하고 행복하길.

기도 · 2

뜻하는 대로
바라는 대로
모두 이루어지소서
빌고 빈다.

기도 · 3

얽히고설킨 매듭 풀어 보자
남이나 북이나 두 손 맞잡고
소중함 빌고 빌어 한마음으로
모으고 모아 편안한 조국 만들자.

도심 속 안식처

지금 살고 있는 여기
다른 곳은 보이지 않아
어딜 가 봐도
살고 있는 여기가 좋아.

피서

온 가족이 모처럼 나들이
햇살 바람 나무 들까지 동행
이렇게 좋은 날
오늘이 가장 행복한 날.

성형 결심

웬만하면 그냥 저냥
살아 보려고 했다
갈수록 이건 아니다란 생각
내년에는 박피도 하고
예쁜 꽃도 피워야지.

나의 바램

마음속으로 바라는 마음
간절한 소원
꼭 한 번 도전하고 싶다
부디 꿈이 현실로 이루어지길.

제3부

항상 맑은 마음으로 기도하라
미련 두지 말고
오직 오늘만 생각하라

설법

고민하지 말고
항상 맑은 마음으로 기도하라
미련 두지 말고
오직 오늘만 생각하라.

무소식

이제나 저제나 기다려도
소식은 무슨 소식
대문 앞에 서 있으니
지나가는 구름이 안부 전한다.

사랑처럼

더이상 만지지 마라
터져 버리면 책임질 거야?
부풀대로 부풀었거든
그냥 그대로 놔 두는 게 좋아.

정경 하나

어디를 가는 걸까
끝까지 갈 때까지 갈 모양
해는 져서 어두운데
기다리는 님은 언제쯤?

식사 준비

싱싱한 횟감으로
먹어 보려고 대기 중
참고 기다리고 있으면 오겠지
벌써 군침이 돈다.

기다림 · 1

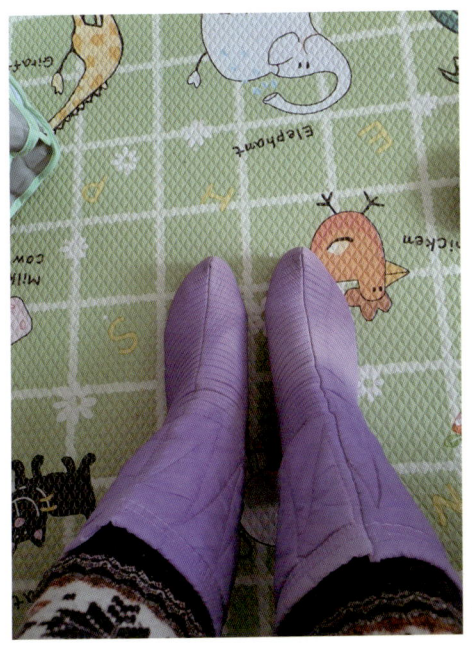

얼마나 기다렸을까
얼마나 보고플까
가슴에 담겨 있는 사람아
꼭 봐야 할 사랑아.

기다림 · 2

잘 다듬어진 삼단 같은 머릿결
그 누구를 기다리나요
댕기머리는 누가 땋아 주나요.

기다림 · 3

묵히고 묵혀둔 보물
언제 어느 때가 될지 몰라도
그때가 되면 천지개벽이 될걸.

궁금

하얀 눈 속에서
얼마를 버티고 지냈을까
어떻게 나왔을까
언제 나왔을까
어디서 왔을까.

소풍

애들아, 여기가 어디?
하늘인가 용궁인가
오늘 집에 못 가겠네.

무릉도원

예쁜 동화 속 환상적인 곳
선녀들이 달밤이면 목욕하고
다시 하늘나라로 올라갔던 곳.

신기하다

아지랑이 아롱아롱
춥다고 땅속에서
군불 때주는겨?
머리 풀어헤치면서
하늘로 하늘로.

기도한다

하늘공원에 두 손 모아
떠받들고 정성 다해
우리 삶을 늘 보살펴 주시길.

산사의 길

길 잘 알고 가는지
저분이 가는 곳은 이 길이 아니야
겁나게 궁금하네
아무튼 이 길은 아닌 듯.

그 또한 복이란다

전혀 신경쓸 필요 없어
자명종이 아침 깨워 주고 저녁에 알려 주니까
그냥 잠만 자고 나면 돼, 마음 편하니까.

첫사랑 · 1

풋풋하고 정갈한 향기 품은 가슴속
부풀어오른 기쁨 인생 최고조에 도달.

첫사랑 · 2

맨 처음이 가장 중요한 거야
한 방울의 물이 시작인 것처럼
골짜기 지나 냇물에서 강으로.

그냥 가만히

반짝 반짝 빛나는 날
낮잠만 자고 있어도 행복하네요
하늘공원이 다 알아서 조정해 주니까.

환영의 몸짓

고사리손 내밀고서
반겨 주는 이쁜 아기
손 내밀어 반겨 주니
정말 고마워.

염색

처음 태어난 그대로 살고픈데
한 번쯤 변화 주고 싶어 바꿔 봤다.

홀로 서기

너도 나도
남의 도움 없이
언젠가는 혼자 가야 할 길
꿋꿋이 가려고 연습 중.

참회

눈물 흘리며 들어설 때 눈앞이 캄캄
마음 가다듬고 숨결 고르고 나면
가슴속이 들녘처럼 후련하다.

주인공

주인이 따로 있나
내가 고르면 주인이지.

설빔

어릴 적 설날 자주 입던 꼬까옷
어쩌면 저리 칸칸이 색깔도 어여쁠까.

빗장

어찌 저리 촘촘하게 짰을까
개미 한 마리도 못 들어가겠다.

제4부

들킬까 봐
소리 소문 없이 담장 너머 보았지
밝은 사랑이 넘치는 딴 세상일 테지

솜씨 자랑

모두 모두 모여라
예쁜 솜씨 멋진 몸매
서로 자랑질하며
건강 장수합시다.

폭죽

한 사람씩 천천히 얘기해 봐
한꺼번에 다 하려 하면
감당할 수가 없잖아
물론 기쁜 소식이겠지.

바라는 대로

저마다 아픔 한 가지씩은 다 안고 살지요
우리의 소원 다 들어주면
얼마나 좋을까요.

어떤 물음

한꺼번에 다 사용할 수 있나
밥이 얼마나 소중했으면
밥그릇으로 탑을 쌓았을까.

꽈배기

너무 심하다
마음 곱게 써야지
살다 보니, 그리 됐나?

유언

내가 가더라도
한때는 목청 높여 노래 부르고
살았다는 흔적 남기고 가고 싶다.

낙장불입

계단 오르내릴 때
한 칸에 한 번씩 가위바위보
단순했어도 참 재미있었지.

깨소금

정답게 사는 것
서로 서로 사랑하며 아껴 주는 것
고소한 냄새 풍기는 것.

마음

모든 것은 자신으로부터
희로애락도 자신으로부터.

도시락

오늘 점심이 제일 크다
아침도 안 먹고 기다렸거든
기대 된다, 맛있는 점심.

소원 성취

빌고 빌어 손 닳도록
두 손 모아 정성 들여야지
천국으로 가는 길.

바깥 구경

들킬까 봐
소리 소문 없이 담장 너머 보았지
밝은 사랑이 넘치는 딴 세상일 테지.

오후

오늘 하루도 수고
밥때가 되었나 봐
저녁밥 준비해야지
이제 쉬고 내일 또 보세.

어울림

헤어지면 안 돼
우리는 한몸 한뜻이야
흩어지면 안 돼
우리에겐 꿈이 있잖아.

잔소리꾼

시간 잘 지켜라
약속 잘 지켜라
건강이 첫째다
자기 건강은 자기 꺼여.

푸른 꿈

언제까지 여기 있어야 하지?
더 높고 더 너른 세상으로
나아갈 거야.

한복

우리 옷 한복 단아하고 깨끗해
한민족 얼이 서린 치마 저고리
선이 고운 버선의 코 아름다워.

핫도그

맛있는 먹거리
이렇게 땅에서 나오다면 얼마나 좋을까
아주 아주 재미있겠다.

바람아

가난한 살림 꾸려 가면서 열심히 산 나
이제는 최대한 멀리 멀리 보내다오.

주인공

누구의 자리인가
낯설다
누군가는 있긴 있는데
아직은 난 아닌 것 같다.

미니케이블카

맘대로 조정하는 그네
앞동네 뒤동네도 다 볼 수 있어
구경도 하고 운동까지 척척.

자유인

모든 일의 시작은 각자의 생각
기쁨과 슬픔은 벽지 한 장 차이
생각만 뭉치면 천하통일.

반사경

파란 하늘이 높이 떠 있고
강물에도 하늘이 깊이 떠 있네
나무도 물속에 있네
저 물속에 나도 들어 있을까.

건반길

한 발 한 발 걸을 때마다
도레미파솔라시도
은쟁반 옥구슬 구르는 소리
날마다 친구들과 거닐고 싶어라.

차례상

서로 서로 예쁘다고 내가 더 맛있다고
내가 더 크다고 자랑질하고 있다
어디로 가야 시집 잘 가는 건지.

참 좋다

답답해서
나들이 나왔더니
세상의 맑은 공기
드높은 저 푸른 하늘.

나의 추억

상상 속 몽실몽실
솟아오르는 내일
탄생시키기 위해
행복한 꿈 꾼다.

평설

강덕순 시인의 디카시집 출간을 축하하며

박덕은 (문학박사, 문학평론가)

 강덕순 시인은 전남 함평에서 1952년 10월 6일 출생했다.

 그녀는 2018년 6월 월간지《문학공간》시 부문 신인문학상을 수상하고, 이어《문학공간》시조 부문 신인문학상,《문학공간》디카시 문학 대상을 받아, 문단에 데뷔하였다.

 문학상으로는 제19회 혜산 박두진 전국 백일장, 2020년 광주광역시 서구문화센터 백일장 최우수상, 2020년 제9회 샘터문학 특별작품상, 2021년 고마노 문학상, 전주시조 백일장, 제52회 한민족통일 문화제전, 2022년 샘문 신춘문예 최우수상, 오은문학 시조 대상 등을 수상했다.

 문단에서는, 광주문인협회 이사, 광주시인협회 이사, 한실문예창작 회원, 꽃스런문학회 회장, 샘문그룹 자문위원, 오은문학회 부회장, 한국문인그룹 회원, 국제PEN 한국본부 회원, 광주지역위원회 이사, 서은문인협회 회원, 한국시인연대 회원 등으로 활동하고 있다.

 저서로는 시집 『그리움의 시간』, 시조집 『시심의 강에 하얀 돛배 띄우고』 등이 있다.

자, 그러면 지금부터 강덕순 디카시의 작품 세계 속으로 들어가 탐구해 보도록 하자.

수억 년 지켜온 한 맺힌 우리 땅
절규하는 여인
머리 풀어 쨍쨍한 볕에 말린다
한 많은 그리움도 옹이 된 사연도
가슴속에 스며들어 찬란히 빛난다.
- 「백두에서 한라까지」 전문

제3회 문학공간 디카시 문학상 대상 수상작인 이 디카시에서의 시적 화자는 웅장한 산을 수억 년 지켜온 한 맺힌 우리 땅으로 바라보고 있다. 사진 속 구름은 허공을 두둥실 떠도는 자세로 산에 잠시 머물고 있다. 일제강점기 때의 한민족의 발걸음 같기도 하고 항일독립을 외치며 외로이 싸운 독립투사 같기도 하다. 한 맺힌 우리 땅을 지키기 위해, 꺼져 가는 조국의 불씨를 되살리기 위해, 빼앗긴 조국을 되찾기 위해 먼먼 걸음을 걸었을 것이다. 집집마다 거리마다 절규하는 통곡 소리를 들으며 독립의 걸음을 옮겼을 것이다. 그 서럽고 간절한 마음을 대신해서 시적 화자는 「백두에서 한라까지」라는 제목으로 잡았을 것이다. 3행에서 화자는 "머리 풀어 짱짱한 볕에 말린다"고 말하고 있다. 그냥 말리는 게 아니다. "머리 풀어" 말린다고 한다. 결연한 의지가 엿보이는 대목이다. 선비들의 지부상소처럼 절실함이 느껴진다. "짱짱한 볕"에서 어떤 희망이 엿보인다. 어제의 걸음이 서러워도 결코 내일의 걸음은 서럽지 않게 해야겠다는 단호한 의지가 느껴진다. 그렇게 우리의 어머니, 어머니의 그 어머니들은 짱짱한 볕에 말리며 한 맺힌 우리 땅을 지키기 위해 애를 썼을 것이다. 어머니의 그 걸음이 있었기에 아버지의 눈물이 있었기에, 한 많은 그리움도 옹이 된 사연도 가슴속에 스며들어 찬란히 빛나고 있다. 디카시를 통해 민족의 얼을 고취시키고, 동시에 가슴속 응어리를 풀어내고 있다. 디카시 속에서 사진과 시심의 조화를 이뤄내고 있어, 가슴 뭉클하게 한다.

뭐 그리 바쁘다고
게거품 물고 따라올까
느려도 빨라도 괜찮아
세월이 부르는 대로 가면 되니까.

- 「여백」 전문

　제3회 문학공간 디카시 문학상 대상 수상작인 이 디카시에서의 시적 화자는 배가 지나가는 뒤의 물결을 바라보며 인생을 내려다보고 있다. 물결을 일으키며 앞서가는 배는 바쁘게 돌아가는 세상사 같다. 나이가 들면서 인터넷에 적응하는 것도 버거운데 이제는 매장에 설치된 키오스크를 어쩔 수 없이 익혀야 한다. 키오스크를 익히면 현대문명의 도착점에 도달한 것일까. 아닐 것이다. 내일은 또다시 새로운 문명이 우리의 발걸음을 혼란스럽게 할 것이다. 내일이라는 길목에서 잠복하고 있는 문명이 불쑥 우리에게 다가올 것이다. 1행에서 시적 화자는 "뭐 그리 바쁘다고/ 게거품 물고 따라올까"라고 묻고 있다. 우리의 모습을 간단명료하게 표현하고 있다. 그러면서도 위트가 느껴진다. 맞다. 우리는 모두 게거품 물고 따라가고 있다. 변화하는 세상사를 따라잡기 위해 아등바등 나아가고 있다. 그런 모습을 시적 화자는 "게거품 물고"라고 표현하고 있다. 한 발짝 떨어져서 바라보고 있는 화자의 시선이 멋지다. 그 마음이 여백인 것이다. 제목에서 시적 화자의 철학과 깊이가 엿보인다. 세상이 요구하는 인생의 정답을 맞추기 위해 달릴 필요는 없다. 우리는 모두 우리만의 답을 찾아가면 된다. 나의 걸음이 가 닿을 수 있는 답을 찾아가면 된다. 우리의 답은 늘 우리의 걸음 그 언저리에 있었다. 뒤돌아 다시 생각해 보면 느려도 괜찮은데 어찌 그랬을까. 세월이 부르는 대로 가면 되는 것을 어찌 서둘렀을까. 여백 없이 살아온 인생들에게 쉼표의 소중함을 일깨워 주고 있다. 뿌옇게 거품 물다가 다시 흔적 없이 사라지는 파도의 모습에서도 많은 생각을 하게 하고 있다.

외로울까 봐
서로 서로 돕고 살라고
인연 맺어 주었다
누구보다도 더 행복하게 살라고.
- 「중매」 전문

이 디카시에서의 시적 화자는 섬과 섬을 연결하고 있는 다리를 바라보고, 잠시 행복해 하고 있다. 사진 속 저 다리로 졸고 있는 갯가의 안부가 건너가고, 길이 되고 싶은 간절함도 건너가고, 그리움의 인기척도 건너갔을 것이다. 그렇게 안부과 간절함과 인기척은 두 섬을 연결시켜 주며 외롭지 않게 해주었을 것이다. 디카시라는 새로운 장르를 통해서 중매를 해석해 내는 솜씨가 멋지다. 다리로 서로가 연결된다는 것은 당신의 외로움을 다독여 준다는 뜻이다. 나의 곁을 내줄 테니 당신의 외로움을 기대도 좋다는 뜻이다. 세상의 거친 물살에 아파할 때 내 어깨에 기대도 좋다는 뜻이다. 그 대상이 부부일 수도 있고 문학일 수도 있고 그림일 수도 있다. 어떤 면에서 보면 시인은 시와 결혼하고 화가는 그림과 결혼한 사람이기도 하다. 우리의 외로움이 쓸쓸히 무너지지 않도록 돌봐 줘야 한다. 배우자든 문학이든, 어떻게든 인연을 맺어 연결되어야 한다. 시적 화자는 그 누구보다도 더 행복하게 살아야 한다며 인연의 소중함을 말하고 있다. 시를 통해, 우리 삶 속에서 놓치고 있는 감성을 일깨워 주고 있다. 외롭게 사느니보다는, 서로 돕고 사는 게 아름다운 삶이 아닐까. 인연 맺고 사는 게 고독하게 외돌톨이로 사는 것보다 행복한 건 아닐까. 현대인의 문제점을 은근살짝 드러내며, 충고해 주는 듯하다.

헤어지면 안 돼
우리는 한몸 한뜻이야
흩어지면 안 돼
우리에겐 꿈이 있잖아.
　　　　-「어울림」 전문

　이 디카시에서의 시적 화자는 헤어짐이 어떤 삶인지를 알고 있는 듯하다. 사진 속 저 초록들은 모양과 크기가 모두 제각각이다. 다름의 표정을 짓고 있으면서도 스스럼없이 어깨동무를 하고 있다. 서로의 어깨를 맞댄 푸른 연대가 환하고 화사하다. 홀로였다면 저 푸른 연대를 완성하지 못했을 것이다. 뿌리부터 줄기 그리고 잎까지 초록의 절정으로 물들어 푸른 연대를 완성하기까지 어찌 어려움이 없었을까. 아픔의 고비마다 "우리는 한몸 한뜻이야"라는 다짐을 하며 여기까지 왔을 것이다. 고난이 있을 때마다 '어울림'이라는 화두를 붙들고 이겨냈을 것이다. 봄을 맞이하며 초록으로 눈뜨는 저 화사함이 한 가족처럼 단란해 보이기도 하고, 한 민족처럼 대견해 보이기도 하다. 보수와 진보의 의견이 분분해도 우리는 한 나라의 국민이기에 한뜻으로 나아가야 한다. 아름다운 대한민국이라는 꿈을 이루기 위해 양보하며 나아가야 한다. 그러기 위해 어울려야 한다고 시적 화자는 에둘러서 말하고 있는 것이다. 흩어지는 게 얼마나 슬픈지를 말해 주고 있다. 이별은 꿈과는 거리가 멀다. 한몸 한뜻으로 살아가는 어울림과도 거리가 멀다. 아름다움은 어울림 속에 있다. 한몸 한뜻으로 함께 어우러져 조화롭게 살아가는 곳에 꿈이 있고 행복이 있고 사랑이 있다. 또 곁에 머무는 사람이 진짜 인연이다라는 말을 떠오르게 한다. 진짜 인연끼리 함께 어우러져 자신의 꿈을 이뤄가기를 기원해 본다.

너의 황홀경에
퐁당 빠져 버린 하늘
하루종일 호수 밖으로
나올 줄 모르나 보다.
　　　　　-「풍경」전문

이 디카시에서의 시적 화자는 풍경 속으로 빨려 들어가고 있다. 이 시는 시작부터 강렬하다. "너의 황홀경에/ 퐁당 빠져 버린 하늘"에서 숨이 딱 멎을 것만 같다. 첫눈에 반한 것이 분명하다. 나에게는 너만 보이며, 나의 모든 생각은 너에게로

만 향한 것이 분명하다. 그렇지 않고서야 어찌 풍당 빠질 수가 있을까. 대상을 '너'라고 하지 않고 '너의 황홀경'이라고 말하고 있다. 상대에게 흠뻑 젖어든 시적 화자의 마음을 짐작할 수 있는 대목이다. 디카시의 매력이 물씬 풍긴다. 사진이 시의 의미를 더 확장시키고, 시는 사진의 향기에 깊이를 더해주고 있다. 풍경 사진에 새로운 의미의 옷을 입히고 있다. 문득 우리의 사랑도 저와 같으면 좋겠다. "하루종일 호수 밖으로/나올 줄 모르나 보다"처럼 우리도 하루종일 서로에게 관심의 끈을 놓지 않았으면 좋겠다. 상대의 아픈 마음을 살피며 다독여 주는 그런 사랑이면 좋겠다. 그래서 먼먼 훗날 추억이 아름다운 풍경으로 서로에게 자리잡았으면 좋겠다. 시적 화자는 그런 마음을 담아 '풍경'이라는 제목으로 정한 것일까. 우리의 사랑이 어찌해야 하는지를 말해주고 있다. 사진 속 물그림자는 진종일 행복하다. 님과 하나되어, 공감대를 형성하고, 그 속으로 들어가 삶과 호흡할 때, 인간은 인간다워지는 듯하다. 가장 순수할 때, 가장 자연과 어우러질 때, 인간은 멋스러워 보인다. 풍경 속에서 황홀경에 빠져 거기서 나오기를 싫어하는 시적 화자나 수면에 잠겨 진종일 놀고 있는 물그림자나 마냥 부럽기만 하다.

언제까지 기다리면 될까요
달이 가고 해가 바뀌어도
보고 싶은 그 사람
얼굴 한 번 볼 수 없어라
언제쯤 포근히 날 안아 주려나.
　　　　 -「묵언」전문

  이 디카시에서는 새 한 마리가 마냥 기다리고 있다. '묵언'이라는 제목과 사진 속 한 마리 새에서 쓸쓸함이 느껴진다. 새는 외다리로 서 있다. 양다리를 내리고 있어야 힘들지 않을 텐데 어떤 아픔이 있길래 외다리로 서 있는 것일까. 새는 시선을 먼 곳에 두고 있다. 누구를 기다리고 있는 것일까. 새가 서 있는 자리에는 바퀴 같은 곡선의 구조물이 두 개나 있다. 이 때문에 새의 외로움이 더 부각되고 있다. 시적 화자는 "언제까지 기다리면 될까요"라고 묻고 있다. 먼먼 곳에 있는 님에게 묻는 것일까, 자신에게 묻는 것일까. 둘 다일 것이다. 기다림이 몇 번의 계절을 넘어 또 몇 번의 해를 넘겼을 것이다. 시간이 흐르면 기다림도 지쳐 희미해질 법도 한데 "달이 가고 해가 바뀌어도/ 보고 싶은 그 사람"이 있다고 한다. 그 그리움을 어느 누구에게도 말할 수 없어 가슴은 멍들어 간다. 시적 화자의 그리움이 가 닿는 곳은 오직 님이기에 님이 없는 곳에서는 쓸쓸함만 깊어진다. 사진 속 새가 날개를 활짝 펴 사랑의 속엣말을 물어나르면 좋겠다. 긴긴 기다림이 환해져서 제 날개로 사랑의 색을 밝히면 좋겠다. 새에 빗대어 시적 화자의 그리움을 대변하고 있는 걸까. 죽도록 보고 싶은 사람, 그 사람의 얼굴 한 번 볼 수 있다면 얼마나 좋을까. 언제쯤 달려와 포근히 안아 주려나. 기다림의 끝은 어디일까. 시적 화자의 그리움과 보고픔을 새가 대신해 주고 있다. 그러는 사이에 세월은 흘러가고, 여전히 침묵만 가득하다. 이 고통스러운 기다림을 묵언으로 견뎌야 하는 세월이 야속하기만 하다.

잘 익은 과일은
어느 정도 기간이 필요하다
사람도 인성 교육이 필수 과목
과일은 과일답게 단맛 나야 하고
사람은 사람답게 행동해야 한다.
- 「숙성」 전문

 이 디카시에서의 시적 화자는 숙성의 필요성과 아름다움을 강조하고 있다. 항아리의 뚜껑을 열면 곰삭은 달빛과 간기 머금은 어머니의 말씀이 불쑥 나올 것만 같다. 숙성이 될 때까지 해와 달이 수없이 걸음을 하는 낮과 밤이 흘러갔을 것이다. 모가 난 우리의 말들과 아픔도 굵은 소금 아래에서 숙성되며 익어갔을 것이다. 상처로 인한 쓰라림이 고통스러워 불쑥 화가 나기도 하지만, 저 홀로 깊어지며 우리는 성장하고 성숙해야 한다. 어둠을 견디고 눈보라를 이겨야 장독대의 깊은 맛이 나듯이, 혀끝에서 화사해진 말투가 꽃필 때까지는 우리도 성숙해져야 한다. 아무도 없는 항아리 속 같은 외로움을 건너야 한다. 잘 익은 과일이나 된장이나 간장은 어느 기간 동안 숙성의 시간이 필요하다. 사람의 인성 교육도 마찬가지이다. 과일이 과일답게 숙성을 통해 단맛 나야 하듯, 사람은 사람답게 인성이 숙성되어야 하고, 그리하여 사람답게 행동하게 될 때, 비로소 인격체가 된다. 그런 인격체만이 리더가 될 수 있다. 미성숙한 이들이 설치는 세상, 그런 자들이 리더인 척하는 세상을 질타하고 있는 듯하다.

얼마나 인고의 시간이 흘렀을까
한때는 보송보송 예쁘게
살이 쪄 있었을 텐데
그저 흐르는 세월이 아쉬울 뿐.
- 「경외」 전문

 이 디카시에서의 시적 화자는 인고의 시간에 대한 경외심을 내보이고 있다. 드러난 나무의 뿌리가 부모님의 앙상한 손등 같기도 하고 굽어진 등 같기도 하다. 슬픔과 눈물을 실어 나르던 뿌리의 표정이 거칠고 투박해 안쓰럽다. 밤낮으로 물관을 통해 안간힘을 잎과 가지에 올려보냈을 텐데도, 누렇게 변한 나뭇잎들은 뚝 떨어졌을 것이다. 연체 미납금 같은 어둠이 밀려와 부모님의 저녁은 마음 편할 날이 없었을 것이다. 마음 편히 환하게 한 번 웃고 싶어도 체납금 같은 어스름이 발목을 붙들었을 것이다. 그렇게 무릎을 끌어안고 웅크렸던

날들이 얼마나 많았을까. 시적 화자는 그 힘든 시절을 모두 나열하지 않고 "얼마나 인고의 시간이 흘렀을까"라고 담담하게 말하고 있다. 하지만 사진 속 뿌리의 모습과 겹치면서 인고의 시간이 얼마나 힘들었는지를 보여주고 있다. 자식을 키우는 일뿐만 아니라 세상일에는 그 어디나 인고의 시간이 필요하다. 그냥 아무렇게나 이뤄지는 일은 없다. 우리 인생도 마찬가지이다. 청춘일 때는 생기발랄했고, 보송보송 이쁘게 살이 올라 있었다. 하지만, 흐르는 세월은 모든 걸 변하게 한다. 앙상한 뼈대만 남게 하고, 우락부락한 힘줄만 솟게 한다. 여기서 인생의 무상함을 느끼게 된다. 그게 아쉬울 뿐이다. 그럼에도 불구하고 우리는 인고의 시간에 대한 경외심을 갖게 되어, 새 출발을 할 수 있게 된다.

오른발 왼발 번갈아 찍는다
매끄러워 촉감도 매끈

모양도 가지가지
마음속에 있는 상상의 나래.
- 「인생 도장」 전문

이 카시에서의 시적 화자는 황토 깔린 길을 걷고 있다. 맨발로 걷는 사진 속 사람은 성인으로 보인다. 오랜만에 휴일을 맞이하여 산을 찾은 것 같다. 신발을 벗으면서, 아등바등 살았던 하루의 무게도 벗었는지, 맨발이 편안해 보인다. 신발이 끌고왔던 어제의 아픔 많은 발자국도 내려놓은 것인지, 시적 화자는 즐겁게 "오른발 왼발 번갈아 찍는다"고 한다. 어떤 기대와 설렘이 느껴진다. 신발이 사회적인 옷이라면 맨발은 그 옷을 벗은 상태를 말한다. 자유롭게 무언가를 할 수 있는 상태인 것이다. 발바닥에 닿은 흙의 촉감에 집중하며 발의 독서를 시작할 수 있는 것이다. 그래서일까. 발의 독서는 "매끄러워 촉감도 매끈/ 모양도 가지가지"라고 말하고 있다. 화자의 자유로운 영혼이 숨을 쉬고 있다. 사회에서 지위를 얻고 자리를 차지하기 위해 우리는 살아가지만, 한 번쯤은 그 사회적인 옷을 벗을 필요가 있다. 내가 느끼고 찍어내는 '인생 도장'이 필요하다. 바쁜 인생 속에서 모처럼 마음의 여유를 즐기는 시간, 소중히 간직하고 싶어진다. 인생길에서 이렇게 보드랍고 매끈하고 행복한 순간이 몇 번이나 있었던가. 지난 생을 한 번 뒤돌아보게 해주어 좋다. 앞으로의 인생이 되도록 부드럽고 매끄럽고 촉촉하고 행복했으면 좋겠다.

하얀 눈 속에서
얼마를 버티고 지냈을까
어떻게 나왔을까
언제 나왔을까
어디서 왔을까.

- 「궁금」 전문

 이 디카시에서의 시적 화자는 복수초에 대한 경외심을 드러내고 있다. 복수초는 봄의 전령사다. 꽁꽁 언 겨울 속에서 저 노란빛은 어디에 숨어 있었던 것일까. 어떻게 흰 눈의 무거운 눈꺼풀을 들어 올리며 봄의 눈을 뜬 것일까. 땟자국 묻은 찬바람을 털어내며 연두의 근육을 키운 저 연한 연둣빛 잎사귀들. 소복한 봄햇살을 걸치고 공중을 떠받치고 있는 복수초가 신기하다. 아무리 외져도 봄의 주소지를 등록하는 저 꽃잎이 눈부시다. 시적 화자는 그와 같은 경외심으로 복수초를 바라보며 어떤 질문들을 하고 있다. 하얀 눈 속에서 강추

위 속에서 어떻게 지냈을까. 얼마 동안 버티고 지냈을까. 눈더미와 추위를 어떻게 뚫고 나왔을까. 한밤중에 나왔을까, 여명에 나왔을까, 아침햇살과 함께 나왔을까. 도대체 어디서 나왔을까. 그 힘, 그 배짱, 그 인내, 그 용기는 어디서 왔을까. 신기하고 신비롭기만 하다. 우리에게도 저런 힘, 저런 용기, 저런 도전 정신이 있을까. 수없이 자살로 죽어가는 이 땅의 가련한 인생들에게 경고를 날리고 있는 듯하다. 인내심이 약한 탓일까, 용기가 없는 탓일까, 자신에 대한 경외심이 없는 탓일까. 부디 이 땅의 인생들이 복수초의 강인함을 배워 실천했으면 좋겠다.

고사리손 내밀고서
반겨 주는 이쁜 아기
손 내밀어 반겨 주니
정말 고마워.

- 「환영의 몸짓」 전문

이 디카시에서의 시적 화자는 연둣빛 단풍을 반기고 있다. 힘들게 내디딘 발걸음에 박수를 쳐주며 응원해 주는 손이 있다면, 얼마나 신이 날까. 까맣게 타는 속울음이 조금은 잦아들 것이다. 평가하지 않고 비난하지 않고 비교하지 않은 그런 눈으로 그저 응원해 준다면 얼마나 좋을까. 수도 없이 내일을 포기하고 싶은 마음을 추스리며 일어섰을 텐데, 그런 환영의 손길이 있다면 얼마나 따스할까. 시적 화자에게도 어떤 아픔들이 있었을 것이다. 그 아픔을 견디며 한 걸음 내디디는 아침이 버거웠을 것이다. 그 버거운 마음에 손을 내미는 이가 얼마나 고마웠을까. "고사리손 내밀고서/ 반겨 주는" 이에게 시적 화자는 고마움을 전하고 있다. 어른의 손이 아닌 '고사리손'이다. 그 고사리손은 작은 관심과 작은 몸짓을 의미한다. 맞다. 우리에게는 큰 관심이 필요한 것이 아니다. 작은 관심에 우리는 감동받는다. 인생의 길을 걷는 동안, 손 내밀어 반겨 주는 이 없을 때 오는 외로움과 슬픔이 크지 않을 수 없다. 연둣빛 단풍은 순수하고 청아하다. 순수로 손 내미니 맑다. 청아하게 반겨 주니 밝다. 마치 동심을 껴안은 듯 마음이 평안하다. 진정으로 반겨 주니 마음문이 열리고 감성이 뿌듯해진다. 순수로 반겨 주는 환영의 몸짓이 있는 곳이 바로 천국이다. 이 땅에 사는 동안, 이 천국을 자주 만나길 소망해 본다.

처음 태어난 그대로 살고픈데
한 번쯤 변화 주고 싶어 바꿔 봤다.
― 「염색」 전문

  이 디카시에서의 시적 화자는 민들레 홀씨를 바라보며 새로운 삶을 모색하고 있다. 민들레는 노란빛으로 한생을 산다. 노란 걸음, 노란 만남, 노란 인연으로 평생을 산다. 생의 끝자락을 앞두고 문득 민들레는 뭔가 아쉬웠을까. 산기슭에서 핀 외로움, 그게 서글펐던 것일까. 생의 뒤안길에서 만난, 다시 오지 못할 사랑을 붙잡고 싶은 것일까. 그것이 무엇인지 알 수 없지만 시적 화자는 어떤 결심을 한다. 노란빛으로 물들었던 삶과는 다른 삶을 살겠다고 다짐을 한다. 어디서 그런 용기가 솟구쳤을까. 이전의 삶과는 전혀 다른 삶일 텐데, 두려움을 이겨내고 새로운 도전을 하는 민들레와 시적 화자에게 박수를 보내고 싶다. 변화하고자 하는 삶의 의지를 시적 화자는 민들레에 빗대어 "염색"이라고 하고 있다. 무겁지 않게 다가

가는 화자의 마음이 느껴진다. 우리도 저처럼 삶의 염색을 해 보면 어떨까. "한 번쯤 변화 주고 싶어 바꿔 봤다"는 말에서 웃음과 여유가 동시에 느껴진다. 늙어 가는 삶, 어쩔 수 없는 인생길, 막을 수가 없다. 하얀 흰씨를 삶의 색을 바꾸는 염색으로 해석하는 시적 화자가 멋져 보인다. 그 어떠한 인생길에서도 밝음과 유머와 여백을 잃지 않는 삶, 그 길을 가라는 시적 화자의 권면인 듯하다. 절망보다는 인식의 변화, 새로운 해석, 발견의 기쁨과 함께 인생을 꾸려나가라는 깃발이 고맙기만 하다.

너도 나도
남의 도움 없이
언젠가는 혼자 가야 할 길
꿋꿋이 가려고 연습 중.
　　　　-「홀로 서기」 전문

이 디카시에서의 시적 화자는 홀로 서기의 가치를 일깨워 주고 있다. 사진 속 자목련꽃 중에서 유독 한 송이만 크고 붉다. 홀로 서기를 강조하기 위한 시적 화자의 의도가 엿보여 멋지다. 홀로 서기는 저처럼 당당하고 멋질 수 있다는 뜻일 게다. 목련은 잎을 피우기 전에 꽃부터 홀로 피어난다. 목련을 선택한 것도 화자의 의도인 듯하다. 나무의 깡마른 몸으로 저 붉음을 홀로 피우기까지 무단히도 애를 썼을 것이다. 눈보라 치는 슬픔을 견디고 겨울비 내리는 아픔을 견뎌야 목련꽃은 피어날 수 있다. 저 붉음의 방에는 울음 한 줌, 좌절 한 줌, 도전 한 줌이 들어있을 것이다. 달이 차오르며 부푸는 서러움을 홀로 견뎌야만이 꽃을 피워낼 수 있는 것이다. 너도 나도 남의 도움 없이 홀로 서기, 언젠가는 혼자 가야 할 길, 꿋꿋이 가려면 '홀로 서기'를 연습할 필요가 있다. 언제까지 남에게 의존하여 살아갈 수는 없지 않은가. 마지막 죽는 그 순간까지 홀로 서기를 할 수 있다면 얼마나 좋을까. 그러기 위해선, 우선 건강을 지킬 필요가 있다. 홀로 서기 위해서, 모든 준비를 해야 한다. 몸 건강, 마음 건강, 영혼 건강까지 챙겨야 한다. 하루 하루, 그 건강을 위해 부단히 노력해야 한다. 저 목련처럼 꿋꿋이 당당히 서 있기 위해선, 모든 잘못된 습관, 나쁜 버릇을 고쳐야 한다. 그리하여 남의 손길과 도움 없이 혼자 일어서서 가야 한다. 그러기를 바라고, 그럴 날이 오기를 두 손 모아 기도한다.

맨 처음이 가장 중요한 거야
한 방울의 물이 시작인 것처럼
골짜기 지나 냇물에서 강으로.

- 「첫사랑·2」 전문

　이 디카시에서의 시적 화자는 영산강의 시원인 용소를 바라보며, 첫사랑을 떠올리고 있다. 첫 마음, 첫정처럼 그 첫의 의미가 크다. 아무에게나 첫 마음이 열리는 게 아니기에, 첫사랑은 강렬하다. 설렘의 봄바람이 부는 그날, 거부할 수 없는 봄의 가지에는 몸서리치게 아름다운 첫사랑이 꽃을 피운다. 수백 번의 눈보라에도 마음을 주지 않았던 나무가 봄에게 반해 사랑을 시작한 것이다. 도도히 흐르는 영산강도 첫사랑 같은 용소가 있었기에 흐를 수 있는 것이다. 영산강이 푸른 물줄기로 뻗어나가는 것도 용소라는 첫사랑의 뜨거움이 있었기에 가능했을 것이다. 그 첫의 마음을 시적 화자는 "맨 처음이 가장 중요한 거야"라고 말하고 있다. 아기가 태어날 때 자식을 향한 부모의 첫사랑이 뜨거웠기에, 부모는 오랜 시간을 인내하며 돌볼 수 있는 것이다. 한 방울의 물이 영산강의 시원인 것처럼, 그게 골짜기 지나 냇물에서 강으로 이어져 가듯, 우리네 인생도 시원이 소중하다. 사랑도 그러하다. 첫사랑의 소중함, 첫사랑의 아름다움, 첫사랑의 가치, 첫사랑의 감동이 동시에 느껴지는 디카시라서 감동적이다. 뿐만 아니라, 꿈의 시작도 마찬가지이다. 꿈의 시원이 진지하고 성실하고 꾸준해야, 그 꿈이 이뤄져 현실이 되게 할 것이기 때문이다. 문학도 마찬가지이다. 문학의 탑을 쌓아가는 것도 그 시원이 성실한 노력으로 떠받쳐져야 할 것이다.

내가 가더라도
한때는 목청 높여 노래 부르고
살았다는 흔적 남기고 가고 싶다.
- 「유언」 전문

이 디카시의 시적 화자는 매미의 우화를 통해 인생의 의미를 탐구하고 있다. 매미는 여름 한철 목숨을 내걸고 울음소리를 완성했을 것이다. 나무의 허리를 부여잡고 완창을 하기 위해 매미는 잠도 자지 않았을 것이다. 아무도 말릴 수 없는 간절함이 저 울음에는 배어 있다. 매미는 울음으로 나무를 삼키고 마을을 삼키고 숲을 삼킬 때까지 여름을 움켜쥐었을 것이다. 우리에게도 저런 간절함이 있나, 문득 묻고 싶다. 간절함과 절실함이 매미의 허물에서 느껴진다. 목청 높여 울다가 목에서 피가 나는 일도 많았을 텐데, 그 피울음을 이겨낸 간절함이 멋지다. 우리는 삶 속에서 어떤 흔적을 남기고 싶은 걸까. 시적 화자는 그 아름다운 흔적을 위해 매미처럼 뜨겁게 한철을 산 적이 있는지를 진지하게 우리에게 묻고 있다. 자신의 존재 이유를 후세에 어떤 모습으로 남기고 싶은지 곰곰이 생각해 보아야 한다. 또 매미의 유언을 통해, 인생의 무상함을 동시에 느끼게 한다. 그 흔적을 아무리 강조한다 해도, 그걸 바라보는 이들이 아무런 감흥을 갖지 못한다면, 그 유언이 무슨 가치가 있을까. 인생무상이란 말이 떠올라 좀처럼 사라지지 않고 맴돌고 있는 이유는 뭘까. 혹시 인생무상을 강조하고자 이 디카시를 썼던 건 아닐까. 그런 생각이 든다.

　지금까지 살펴본 바처럼, 강덕순 시인의 디카시들은 디카시의 특질들을 고루 갖추고 있어, 독자들에게 감동을 주고 있다. 이처럼, 디카시는 디지털 사진과 시가 잘 어우러져 디코럼의 맛과 멋을 선물해 주고 있다. 우선 사진들은 시적 형상화와 조화롭게 손잡고 있어야 한다. 가능하면, 사진이 대각선 구도가 나오도록 찍혀야 한다. 평행으로 찍지 말고 약간 역동적으로 찍히도록 애써야 한다. 또한 사진이 다시 찍을 수 없는 장면을 포착할수록 더 가치가 있다. 지금 찍지 않으면 안 될 찰나의 사진일수록 더욱 빛을 발한다. 사진은 초점이 잘 맞아 선명해야 한다. 되도록 화소가 높아야 한다. 핸드폰 구입할 때 최대한 화소가 높은 것을 구입해야 한다. 카메라를 들고 다니며 사진 찍는 습관을 높여도 좋다. 사진은 시인인 자신이 직접 찍어야 한다. 그 사진에 감흥을 덧입혀 시적 형상화를 할 때 더욱 빛이 나는 게 디카시이다. 디카시 제목은 사진의 주요 소재를 피해야 한다. 국화를 찍어 놓고, 제목을 국화로 하는 건 바람직하지 않다. 제목은 사진의 주요 소재를 피하여 상징으로 붙이는 게 더 좋다. 디카시를 빛내주는 건 역시 시적 형상화이다. 단순한 서술로 가지 말고, 풍경을 설명하는 식으로 하지 말고, 이미지 구현을 해놓아야 한다. 마치 그림처럼 그려 독자의 가슴과 감각에 그림을 새겨 주어야 한다. 그게 피부처럼 느껴지도록 섬세히 안내해야 한다. 이왕이면, 사물을 새로운 각도로 해석해 놓아야 한다. 기존의 시각과 시야로 해석하면, 기시감이 들고 신선하지 못하다. 새로운 해석일수록 디카시는 반짝이는 보석이 된다. 그러면서 다채로운 감성의 세계를 선보여야 한다. 동시에 감동의 전율이 일도록 물꼬를 터놓아야 한다. 인생은 이런 거구나 하며, 어떤 깨달음에 이르도록 오솔길을 개척해야 한다. 그 오솔길을 걸으면서, 사색의 의미방울을 맛보도록 해주면 더욱 좋다. 강덕순 시인의 디카시들이 이런 맛과 멋을 독자들에게 선물해 주고 있어, 행복하다.

앞으로 제2, 제3의 디카시집을 통해, 독자들과 더욱 친밀하고 행복한 동행을 해주었으면 좋겠다. 강덕순 시인이 사회 봉사활동으로 바쁜 일정 속에서도 꾸준히 시 창작 활동을 해온 지금처럼, 여생 동안 글쓰기와 함께하는 작가로서 보람찬 인생을 엮어 가길 소망해 본다. 늘 시인으로서의 알뜰한 길을 꾸준히 걸어가길 바란다.

- 일주일 내내 내리는 비에 잠시 여백의 시간 물들이며
한실문예창작 지도 교수 박덕은
(문학박사, 전 전남대학교 교수, 문학평론가,
시인, 동화작가, 소설가, 화가,
박덕은 미술관 관장, 대한시인협회 부회장,
사단법인 노벨재단 이사장)